Elfride Stehle

Lust auf Blütenduft

und mee(h)r...

Elfride Stehle

Lust auf Blütenduft

und mee(h)r...

Lust auf Gedichte

Lyrik lässt Gefühle schwingen

Impressum:
1.Auflage, für den Verein „Respekt für Dich" – Autoren gegen Gewalt

Text: © Elfride Stehle

Überarbeitung, Layout, Design, Cover, Coverbild:
© Karin Pfolz, Karina-Verlag
Illustrationen © Elfride Stehle, Berit Stirner
Jänner 2015, Vienna, Austria, Karina-Verlag, Vienna.

ISBN: Print 978-3-903056-04-6

E-Book 978-3-903056-05-3

karina.bookoffice@gmail.com
www.karinaverlag.at

Bibliografische Information der Nationalbibliotheken:
Die Österreichische Nationalbibliothek verzeichnet diese Publikation in der Österreichischen Nationalbibliothek, ebenso ist diese Publikation in der Deutschen Nationalbibliothek verzeichnet.

Frühlingsgefühle

Lust auf Blütenduft

Endlich ist er da, der Frühling –
alles ist erwacht.
Vögelein, ach bitte sing
deine Lieder – zart und sacht.

Endlich spüren wir der Sonne Wärme –
und sie lacht.
Überall, da sind Hormone
aus dem Schlaf erwacht.

Vogelsang erfüllt die Luft –
Kühe machen „muh".
Lust - nicht nur auf Blütenduft,
        ganz genau wie Du!

Frühlingsträume…

Es schneit, es schneit, es schneit…
dabei habe ich mich schon gefreut
auf das Erwachen der Natur.
Doch davon fehlt wohl jede Spur.

Die Frühblüher verstecken sich – oh je,
unter einer dicken Schicht voll Schnee.
Und Ende März ist Ostern schon,
da wird die Eiersuche zur Illusion.

Eisregen und Nebel vor Tagen
ließen uns zwar auch verzagen…
Aber dieser Wintereinbruch ist schlimmer:
Deshalb verbring die Freizeit ich im Zimmer,
um zu träumen von einer Frühlingswelt…

Den Schneeschieber habe ich schon weggestellt!

Fensterblick

Der Frühling kommt, verspätet zwar.

Die Sonne lacht, wie wunderbar!

Ich könnte schwimmen gehen?

Nur, eh ich mich versehen –

vertreiben Wolken diesen Wunsch,

und es wird kühl – ich zieh 'nen Flunsch.

Was aber mache ich stattdessen?

Auch Dauerlauf kann man vergessen…

Ich bleib ganz einfach drin im Haus

und schaue aus dem Fenster raus…

Eisregen im Frühling

Kalter Eisregen kommt hernieder.

Mir vergeh'n gleich alle Lieder,

die ich sonst vom Frühling singe.

Auch die andern schönen Dinge,

wie später Ostereier suchen,

kann man unter Ulk verbuchen.

Und der Nebel macht's mir schwer –

seh' die Frühblüher nicht mehr…

In meiner Freizeit bin ich nun erpicht

nur noch auf den nächsten Wetterbericht

Duft vom Flieder

Ein warmer Sonnenschein
tut den Knospen gut.
Bäume und auch Blümelein
steh'n in der Sonnenglut.

Dieser warme Sonnenschein
lässt die Knospen sprießen.
Oft gibt es rote Äugelein,
so mancher muss auch niesen.

Natur kommt in Bewegung.
Der holde Frühling naht.
Bauern ziehen in Erwägung
bald ihre erste Saat.

Am Abend können wir dann wieder
lauschen der zirpenden Zikade –
und genießen den Duft vom Flieder…

Doch noch ist Winter – SCHADE!

So ist der Frühling

Die Sonne zwinkert leicht uns zu
und freut sich – so wie ich und Du,
dass alles grünt und blüht –
das beste Mittel fürs Gemüt.

Ein Jeden zieht es aus dem Haus,
in die Natur geht es hinaus.
Von allen Seiten Blumen winken,
in deren Duft möcht ich versinken…

Und Vögel hört man tirilieren.
In Straßencafés, da servieren
die Kellner jetzt das erste Eis…
Ich fühl' mich wie im PARADEIS!

Der Lenz uns grüßt

Der Lenz uns grüßt nun weit und breit
mit seinem bunten Blütenkleid.
Vögel zwitschern in Moll und Dur,
ihr Gesang erweckt jetzt die Natur.

So lauf ich über Wiesen nun –
und Bienen haben viel zu tun
mit der Bestäubung all der Blüten.
Vor ihrem Stich sollt man sich hüten!

Aber ein Bienenstich vom Bäcker,
der schmeckt dagegen lecker.
Drum stoppe ich schnell meinen Lauf,
damit ich ein Stück Kuchen kauf.

Das genieß ich nun mit Wonne
vor dem Café in warmer Sonne,
dazu ein Schälchen Heeßn,
darauf sind wir Sachsen ganz
            versess'n.

Blütenzauber

Des Sommers Gartenschmuck,
die Rose
im Herbst erblüht die Herbstzeitlose
auf vielen grünen Wiesen.
Bei Frost bizarre Eisblumen sprießen.

Und erst der Frühling zeigt uns wieder
die Tulpen, Krokusse, den Flieder…

So erfreut uns jede Jahreszeit –
jetzt ist der Sommer nicht mehr weit.
Sobald der Monat Mai vorüber,
blüh'n schon die ersten Rosen wieder.

Glücksgefühl...

Was für eine schnelle Wende
nimmt nach dem Saisonende
vom Wintersport das Wetter –
So kommt das Frühjahr mit Geschmetter,
dass es mich zieht in die Natur,
wo Vögel singen nun in Moll und Dur.

Und Schmetterlinge seh' ich in der Luft,
angelockt vom holden Duft
der vielen kunterbunten Blumen –
auch Bienen höre ich schon summen...

Zu Mittag leg ich mich ins Gras,
und Clärchen kitzelt mich zum Spaß.
Erst abends kehre ich nach Haus zurück,
nicht ohne ein Gefühl von Glück...

Sommererinnerung

Flugzeug oder Bahn?

Mit Freude und mit Zuversicht
verfasse ich gern ein Gedicht.

Drei Wochen fahre ich nun fort,
und Landschlacht heißt der Ferienort.
Doch frage ich mich ganz spontan:
„Nehm' ich nun Flugzeug oder Bahn?"

Dann plötzlich hab ich mich entschieden –
die Laune steigt, ich bin zufrieden.
Natürlich fahr' ich mit dem Zug,
denn Fliegen wär der reinste Spuk!

Und bin ich dann wieder daheim,
freu' ich mich auf den nächsten REIM.

Am Lagerfeuer…

Nach den Ferien in der Slowakei
sagen wir mit Wehmut leis goodbye –
und denken an die Zeit zurück:
„Der Urlaub war ein großes Glück!
…bei Nacht ne Wanderung im Wald,
am nächsten Tag ging's auf die Alp -
zu Kühen, Schafen, Katze, Hund,
und später dann zur Abendstund'
Musik, Gesang am Lagerfeuer…"

Statt Langeweile war's ein Abenteuer.

Gedankenspiele

Mein Garten ist voller Wasserspiele –

sie vertreiben die Hitze und spenden Kühle.

Sehr lange mussten wir ja warten

auf diesen Sommer, doch jetzt starten

wir die Ernte von Kirschen und Johannisbeeren,

um mit Genuss dann einen Kuchen zu verzehren.

Und ist die Ernte gar zu groß,

bleib ich nicht etwa tatenlos…

…hab den Gedanken kaum gesprochen,

steh ich am Herd, um einzukochen.

Urlaub auf „Balkonien"

Jedes Jahr aufs Neue

macht man sich Gedanken,

um ganz ohne Reue

seine Seele aufzutanken.

Egal, wohin die Reise,

stets hat man ne Idee.

Wären da nicht die Preise…

Früher gab's den *FDGB.

Da war Urlaub machen leicht

und so billig außerdem.

Hat man dann sein Ziel erreicht,

gab es selten ein Problem.

Heut' muss man nicht lange suchen.

Ist recht groß, das Angebot.

Reisen kann man online buchen –

den Ärger gibt es dann vor Ort.

Statt Zimmer mit dem Blick zum Meer

schaut man nur auf die Straße.

Ständig rauscht dort der Verkehr –

der Urlauber gerät in Rage.

    Fazit:

Der beste Urlaub ist zu Haus.

Man macht ihn auf „Balkonien."

Gemütlichkeit tagein, tagaus –

mit Blick auf die Begonien.

*Freier Deutscher Gewerkschaftsbund (DDR)

Sommerfest

Ein Sommerfest macht dann nur Spaß,
herrscht Sonnenschein im Übermaß.
Mit Freunden, Nachbarn feiern wir
bei Kaffee, Kuchen, Grillwurst, Bier.

Und doch ist es ein Experiment,
      da keiner weiß,
ob's regnet, oder ob die Sonne brennt.
Und ziehen gar Gewitterwolken auf,
flüchten wir ins Haus im Dauerlauf.

Das Sommerfest ist trotzdem schön,
weil wir ein großes Schauspiel seh'n:

Zusammen ergeben
Sonne und Regen
am Himmel oben
einen herrlich bunten Regenbogen.

Grillabend

Zum Grillen laden unsere Nachbarn ein –
in ihrem Garten soll das Treffen sein.
Bekomme jetzt schon Appetit,
und frage mich: „Was nehme als Geschenk ich mit?"
Sonnenblumen oder lieber Wein –
oder Gartenzwerge – ach, das wäre zu gemein!
Ich überlege her, ich überlege hin –
Ria liebt doch turnen – sie ist eine Sportlerin…
Ich entscheide mich dann doch für Wein,
denn fast ein Jeder mag dies „Wässerlein".

Bin nun bereit, geh aus dem Haus –
der Himmel sieht nach Regen aus…
Ich winke ab – sicher ein Traum –
das soll sich Petrus nur getrau 'n!
Nur hab die Wäsche ich vergessen…
„Nehm' ich sie ab?" – doch unterdessen
sitzen die Nachbarn auf der Terrasse,
und ich womöglich was verpasse!
       Ach was,
die Wäsche kann ich hängen lassen –
ich geh jetzt rüber und sage einfach:
    „Hoch die Tassen!"

34

Scheidungsgrund

Kaum ist der Sommer wieder da,

macht jeder Urlaub – mal fern, mal nah.

Auch unsre Nachbarin, gleich nebenan,

denkt voller Freude schon daran.

Ihr Mann jedoch, der Sigismund,

fragt traurig: „Wohin mit Katze und mit Hund?"

„Ach, mach dir deshalb keine Sorgen.

Ins Tierheim bringen wir sie morgen!"

Doch Sigismund, der will das nicht –

„Wozu hab ich dich geehelicht?!

Schaffst du weg die Katze und den Hund –

ist das für mich ein Scheidungsgrund!"

Da lenkt die Nachbarin schnell ein:

„Urlaub ist auch schön daheim…"

Lust auf mee(h)r...

Ich lief auf Usedom am Strand
ganz langsam durch den weichen Sand.
Mit starrem Blick nach unten –
da hab ich ihn gefunden,
      den Hühnergott.
Ich sah ihn an, total gebannt,
er wird auch Glücksstein oft genannt.

Dann bückte ich mich nach dem „Glück",
doch da geschah ein Bubenstück –
denn Kinder rannten mich fast um,
und weg war er, mein Heiligtum.
Und als die Kinderschar
verschwunden
und ich den Stein nicht mehr gefunden,
machte ich kehrt, lief wieder heim,
und dichtete, wie folgt als Reim:

„Den Hühnergott ich nicht mehr fand,
dafür aber den Ferdinand,
der seit Kurzem nun mein Mann.
Das ‚Ja-Wort' gaben wir spontan.
...Und die Moral von der Geschicht'...
Auch ohne Hühnergott verlässt das
      Glück dich nicht."

Der Sommer geht

Bevor wir in den Urlaub fahren,
        in die Berge,
wie schon in den letzten Jahren,
muss ich noch den Hausputz machen.
Ich hole Schrubber und noch andre
        Sachen –
wie Eimer, Lappen und den Besen.
Dann noch im Garten Laub auflesen,
denn der Herbst klopft langsam an…
Inzwischen kümmert sich mein Mann
ums Auto – noch ist es ja taghell.
Doch dunkel wird es dann sehr schnell,
weil kürzer werden nun die Tage.

Der Sommer geht – ganz ohne Frage!

Herbstgedanken

Rutschgefahr

Der schöne, aber kurze Sommer ist vorbei,

da eilt der Herbst auch schon herbei

mit bunten Blättern – roten, gelben, braunen...

...die Malkunst der Natur bringt mich zum Staunen.

Lassen die Bäume dann die Blätter los,

und Regen kommt – gleich ist der Teufel los!

Denn fall 'n die Blätter auf die Straße; bleiben liegen;

wie leicht kann man da auf die Nase fliegen...

Biegt gar ein Auto plötzlich um die Ecke –

bei dem Gedanken ich total erschrecke,

denn nasses Laub ist auch für Autos ne Gefahr...

das ist dann alles andere als wunderbar.

Zu allem Glück hat ja die Herbstzeit erst begonnen...

Altweibersommer

Vom Himmel graue Wolken winken –
das lässt gleich meine Stimmung sinken.
Dem Altweibersommer mit viel Wind
bin ich so gar nicht wohlgesinnt.
Und kommt noch Dunkelheit dazu,
ist gute Laune ganz tabu.
Ist dann der Goldene Oktober da,
schreit gleich mein Herz vor Glück
    „Hurra!"
Nun sieht man Herbstfarben überall.
Rote, braune, gelbe - ganz egal -
ich renne frohgelaunt durchs Laub,
und es fliegt plötzlich weg wie Staub…

Noch ist Herbst

Der Altweibersommer mit seinen Nebelschwaden,
wo sich Zugvögel langsam in den Süden wagen –
diese Jahreszeit ist nicht ohne Regen und Wind.
Doch kommt der Goldene Oktober geschwind
mit seinen Herbstfarben, den bunten –
ist meine trübe Stimmung schon verschwunden.

Nun lauf ich raus in die Natur –
Laub überall, in Wald und Flur.
Bricht dann die Dunkelheit herein,
genieße ich bei Kerzenschein
gemütlich meinen Kräutertee –
    und denke still:
Bald kommt der erste Schnee…

Winterschläfer?

Heute ist ein wunderschöner Tag,
und mein Hund nimmt mich voll in Beschlag
Er will mit mir in die Natur…
…raus aus dem Haus – rein in die Flur.
Unter Bäumen können wir dann toben.
Leuchtende Farben von unten und von oben,
denn begonnen hat bereits der Blätterfall.
Plötzlich aber fliegen Marienkäfer
      überall…

In Panik mach ich kehrt und lauf zurück
gefolgt von meinem treuen Hund, zum Glück.
Komme endlich in der Wohnung an und
      schaue ganz entsetzt:
„Leide ich schon an Verfolgungswahn,
bin ich umsonst hierher gehetzt?"
Denn auch hier seh' ich Marienkäfer –
nur sind das denn nicht Winterschläfer?

Doch weil der Herbst so voller Wärme,
rückt Käfers Winterschlaf in weite
      FERNE.

Herbstzeit

Kaum ist der Sommer fortgegangen,

da hat der Herbst schon angefangen,

die Blätter an den Bäumen zu bemalen.

Und Sonnenschein beginnt zu strahlen

auf bunte Blätter – rote, gelbe, braune,

ich die Malkunst der Natur bestaune.

    Und plötzlich

fegt ein rauer Herbstwind übers Land,

nimmt alle Blätter mit an seine Hand.

Doch ohne ihr gewohntes Blätterkleid

frieren die Bäume weit und breit.

Nun hoffen sie auf Schnee und Eis

und auf ein Kleid – so „ganz in Weiß".

„Xaver“

Es fegt mit Saus und Braus
„Sturm Xaver“ um das Haus.
Woanders spricht man vom Orkan,
bei uns kommt er schon schwächer an.

Darüber sind wir wirklich froh,
zerstören kann er anderswo…
Auch hier macht er noch Schaden:
Ein großer Laster landete im Graben,
als ihn eine Windböe erwischt hat.
So kam er von der Straße ab…

In der Zeitung wurde es berichtet
und ein Foto war auch abgelichtet,
wie der Laster auf der Seite lag.
Gesperrt war nun die Straße
        einen ganzen Tag!

Dann kehrte wieder Ruhe ein,
zurück kam ganz viel Sonnenschein…
Ist jetzt der Winter gar vertrieben,
den weißen Schnee, den alle lieben?

Keinen Schneemann sieht man dann,
und
wie bringt uns der Weihnachtsmann
den Sack mit den Geschenken?
Auch daran müssen wir doch denken…

Ich glaube, er wird trotzdem kommen,
fast alle haben sich benommen.
Und mit dem Christkind an der Seite
er bald Allen große Freude bereite…

HS

Wintersehnsucht

Bald ist Winter

Blauer Himmel, Sonnenschein
lassen mich heut fröhlich sein.
Denn es sieht nach Frühling aus,
darum geh ich aus dem Haus.

Brauch weder Schneeketten noch Fausthandschuh,
die sind gewiss noch lang tabu.
Doch plötzlich hab ich Appetit,
ein Glühwein wär mein Favorit.
Da muss ich an den Weihnachtsmarkt gleich denken,
sogar an Räuchermännchen, Nüsse
und ans Schenken...

Ich sehe in Gedanken Schnee
und ach, auch viele Kinder
bei einer wilden Schneeballschlacht oje...
Wir haben „doch" bald Winter!

Endlich Schnee

59

Zwei Schneeschieber lehnen an meinem Haus,

nur brauch ich die – es sieht nach Regen aus.

Obwohl, der Himmel ist recht grau

und auch die Luft vom Frost sehr rau,

was eher noch an Schnee mich denken lässt.

Ich hoffe nur, es schneit zum Weihnachtsfest…

Zum Futterhäuschen kommen Vögel aus der Luft,

und aus so manchem Haus schon Plätzchenduft.

Heute, am Adventssonntag, jawohl –

gönne ich mir abends ein Glas Alkohol.

Dazu lege ich die Beine hoch –

denn draußen schneit es endlich doch.

Vorweihnachtszeit

In den Sommerferien war die Luft noch voller Pollen,
und trotzdem gab es schon die ersten Stollen.

Und kaum ist Herbst, beginnt bereits die Zeit,
in der wir rasch umgeben von der Dunkelheit.

Da wirken Lichter in den Fenstern sehr dezent.
Und plötzlich haben wir ihn, den Advent.

Dann beginnt die schöne Vorweihnachtszeit.
Bei Kerzenschein genießen wir Behaglichkeit

Die schönste Zeit...

Bald, bald ist es wieder soweit,

dann ist sie da, die Vorweihnachtszeit.

Beginn dafür ist der Advent,

sobald das erste Lichtlein brennt.

Bricht dann die Dunkelheit herein,

fallen mir die Sommerferien ein.

Wir saßen oft in unserm Garten

und spielten bis zum Abend Karten.

Recht wirkungsvoll warfen Lichter

bizarre Schatten auf die Gesichter.

Ach, wie komm ich nur darauf?

Muss doch denken an den Kauf

der Geschenke für die Kinder –

nicht Sommer ist's, sondern schon Winter!

Darauf stell ich mich nun ein

mit Mütze, Schal und einem (Glüh) Wein.

Ich freu' mich auf die schönste Zeit,

die der Advent uns hält bereit.

Gewissensfrage

Gestern kam der Schnee in dicken Flocken,

doch heut' bemerke ich, total erschrocken,

dass Regen prasselt an die Fensterscheiben –

„Der wird mir noch den Weihnachtsmann vertreiben,

wie soll er kommen mit dem Schlitten dann?"

Ich denk, er macht ganz einfach Räder dran…

…und schon – jetzt seh' ich es gelassen,

werden wir Weihnachten nicht verpassen!

Nach dem Weihnachtsfeste dann,

steht Silvester auf dem Plan.

Schnell geht es auf den Jahreswechsel zu,

und gutes Essen ist noch immer kein Tabu.

Aber kaum steh' ich im Januar auf der Waage,

stell ich mir die Gewissensfrage:

„Warum ist ein Zuviel an Essen nicht solid?

Na – weil man's später auf den Hüften sieht."

Und die Moral von der Geschicht:

Große Portionen bekommen uns nicht!

Ganz ohne Stress?

Wir feiern wieder den Advent,
sogar den Dritten schon.
Drei Kerzen leuchten ganz dezent.
Sie sparen auch noch Strom.

Und überall wird Stollen gebacken.
In jeder Wohnung duftet es.
Kinder helfen beim Nüsse Knacken.
Alles geschieht ganz ohne Stress.

Der Stress beginnt erst dann
beim Besorgen der Geschenke…
Doch bringt die nicht der Weihnachtsmann,
wenn ich das so bedenke?

Nun nur noch einen Baum –
die Kugeln liegen schon bereit.
Geschmückt ist er ein einz'ger Traum…
Am Heiligabend wird er eingeweiht.

Und kommt dann noch der Winter,
ist Weihnachten perfekt.
Es freuen sich die Kinder,
und mir schmeckt Eiskonfekt…

Unser Kätzchen…

Es fliegen Vögel über Stoppelfelder.
Rehe laufen durch verschneite Wälder.
Ein Winterspaziergang ist da angesagt.
Habe deshalb meinen Schatz gefragt,
ob er mich gern begleiten will?
Er schaut mich traurig an und wird ganz still …
Da seh' ich seine rote Nase und ich denk:
„Oh Gott, mein armer Hase!"

Ich rate zum Erkältungsbad,
und er befolgt prompt meinen Rat.
Wollsocken zieht er danach an
und macht es sich gemütlich dann,
gleich auf dem Sofa neben mir
und Minka – unserm Katzentier.
Jetzt schmecken Weihnachtsstollen,
Tee und Plätzchen – und neben uns
schnurrt glücklich unser Kätzchen…

Plätzchenbäckerei...

Die Zeit des Backens hat begonnen,
deshalb hab ich mich drauf besonnen
ganz viele Kekse heut zu backen...
Nur hat das Ganze einen Haken:
„An Backzutaten fehlt ein Haufen,
muss noch Rosinen, Mandeln kaufen!

Nur haben die Geschäfte sonntags zu."
Da fällt mir plötzlich ein – juhu!
Steht nicht noch eine Dose just in
     meinem Schrank?
Ich glaube, sie gehörte meinem
     Ex-Freund Frank...

Nun hab ich alles, was ich brauche,
aber auch Hunger, denn es knurrt im
     Bauche.
Kaum fertig, fang' ich an zu naschen,
dabei wollt ich meine Kinder überraschen!

Letztendlich ist es kaum zu glauben –
ich schaue in erstaunte Kinderaugen,
weil sie mich steh'n seh'n auf der
       Waage
und mir erschrocken stell'n die Frage:
„Hast du denn wirklich zugenommen?"

       Ich nicke traurig...

Drum habe ich mir vorgenommen,
noch vor dem Feste zu entschlacken.
Dann kann ich neue Kekse backen...

„Der Straßenakrobat"

Im Kalender wir noch Winter haben,
nur könnten wir den doch begraben,
wenn die Natur nicht bald in Weiß.
Statt Schnee kam Regen und dann Glatteis!

Als ich nun gestern aus der Türe trat,
war ich „der Straßenakrobat" –
mir zog es glatt die Beine weg.
Ich wurde blass vor lauter Schreck…

Muss mit den Schneeschuhen nun warten,
um eine Brettertour zu starten,
denn mein Gipsbein hindert mich daran.
Dafür steht jetzt anderes auf meinem Plan:
Am Kachelofen, ganz gemütlich,
tu ich mich an ‘nem Glühwein gütlich.

Dresdner Pflaumentoffel

Einen kleinen Pflaumentoffel habe ich,

ihn zu basteln ist recht abenteuerlich.

Drei Holzspieße brauche ich dazu –

ganz wichtig Pflaumen – und im Nu

stecke ich sie auf die Spieße.

Und das mach ich ganz präzise.

Nun noch den Kopf mit dem Gesicht,

sogar den Umhang vergess ich nicht.

Damit er sicher stehen kann

stecken im Brett die Füße vom Mann.

Auch eine Leiter braucht er noch,

sein Pflaumenarm steckt fest im Loch.

Nun macht der Pflaumentoffel Freude,

im nächsten Jahr genau wie heute.

Einsicht

Und wieder geht vorbei ein Jahr,
ich schaue aus dem Fenster,
und denk dabei an die Gefahr –
nein, nein – nicht an Gespenster.

Ich mein die Böller zu Silvester,
die viele Leute kaufen.
Ich habe höchstens ein paar Rester,
und andere 'nen ganzen Haufen.

Von mir aus muss es die nicht geben,
obwohl ich offen bin für jede Feier.
Doch Knaller brauch ich nicht zum Leben,
die sind mir einfach viel zu teuer.

Mein Portemonnaie ist trotzdem leer,
das macht mich ganz betroffen.
Wo nehm ich Geld für die Getränke her?
Kann ich auf Nachbars Hilfe hoffen?

Doch denke ich, die geben mir nichts mehr,
im letzten Jahr war ich total besoffen.

Wo aber nehm ich neue Freunde her?
Die alten hier verderben mir die Laune!
Die Geldbörse brauch ich auch nicht mehr…
ich schüttle sie, es klappert, und ich staune…
Da hab ich doch noch etwas Geld,
wer hätte das gedacht.
Nun ist sie wieder heile, meine Welt,
doch eingekauft wird künftig mit Bedacht!

Auch neue Freunde brauch ich nicht,
das ist mir plötzlich klar.
Dies ist ja auch nur ein Gedicht –
und zwar, eins vom vergangenen Jahr!

mee(h)r als fünf worte…

Bei diesem Gedichtspiel sind fünf Worte vorgegeben, die in den Gedichten dann erscheinen müssen.

Regen, Schnee, Weihnachten, Jahreswechsel, Waage

Dichtergemeinde

Seit Sommer brachte uns das Dichten Segen,
ob bei Sonne oder ob bei **Regen.**
Immer sonntags denkt sich einer 5 Worte aus,
„Nebel", „**Schnee**", „Auto", „Nikolaus" –
die müssen dann erscheinen im Gedicht.
Jeder betrachtet es aus andrer Sicht.
So entstanden bis **Weihnachten** sehr schöne Werke,
und ich stelle fest und merke:

Wir fünf Frauen sind inzwischen wirklich gut,
denn wir zaubern die Worte einfach aus dem Hut.
Nach dem **Jahreswechsel** gibt es neue Gedichte –
und wieder entsteht so manch tolle Geschichte.
Um jetzt hier die richtigen Worte zu reimen,
nasche ich Konfekt, ganz im Geheimen…
Aber im Januar kommt Schreckliches zutage,
mein Gewicht erschüttert dann die **Waage.**
Das soll's für heute nun gewesen sein –
Auf euer Wohl trink ich ein Glasl Wein!

Mensch, Herzen, zivilisiert, Problem, Sache

Zivilisiert

Zivilisiert will wohl jeder Mensch sein,

egal ob Groß, egal ob klein.

Doch entwickelt sich eine Sache zum Problem,

dann wird gar Mancher recht bequem

was seine guten Manieren angeht…

…und er benimmt sich anders als diskret.

Denn er poltert los in seiner Wut –

das tut vielleicht dem Herzen gut,

doch seine Freunde sind schockiert:

„Er war doch mal zivilisiert?"

Das will er dann auch wieder sein…

…ihm fallen seine Freunde ein,

die ihm stets halfen in der Not.

Er lädt sie ein zum Abendbrot.

Sie kommen, und er denkt: „Welch Glück,

hab meine Freunde nun zurück,

die mir jetzt helfen – Stück für Stück."

meer, austern, gewitter, telefon, tannenzweige

das blaue meer...

auf dem schönen blauen meer
kann man austernfischer sehen
sie fahren mit ihren booten hin und her
doch plötzlich beginnen die zu drehen

ein gewitter naht mit blitz und donner
vorm fenster wedeln tannenzweige
im haus bin ich der einzige bewohner
und der tag, er geht zur neige

vor angst greife ich zum telefon
rufe meine freundin an
doch der hörer lacht mich aus voll hohn
und ich verwerfe diesen plan...

meer, austern, gewitter, telefon, tannenzweige

...nach dem gewitter

als dann vorbei ist das gewitter

mit dem donner und dem blitz

da beende ich mein gezitter

doch hab vom wein ich einen schwips

außerdem hab ich austern gegessen

obwohl ich die gar nicht mag

und spüre es auch unterdessen

mir wird schlecht mit einem schlag

ich renne aus dem haus

und höre noch das telefon

wahrscheinlich ist es klaus

vielleicht aber auch yvonne

mich streifen nasse tannenzweige

ich laufe richtung meer

ich hör jetzt auf mit dem geschreibe –

sonst wird es immer mehr!

Vogel, Samenstände, Wasser, Gesang, Zufriedenheit

Samenstände

Gern sitze ich auf der Terrasse,

höre die Autos auf der Straße.

Doch viel lieber lausche ich

dem Gesang der Vögel allmorgendlich.

Genieße mein Frühstück dabei

mit Kaffee, Wasser und einem Ei.

Betrachte dann mit Zufriedenheit

meines Gartens Beschaffenheit –

neben Bäumen, Sträuchern stehen am Ende

des Gartenbeetes Samenstände.

Radler, Vorteile, Stau, Verschmutzung, Freude

Der Umwelt zuliebe

Gern fahre ich mit dem Auto durch das Land.

Das macht Spaß, geht schnell, ist interessant.

Und scheint die Sonne, ist der Himmel blau,

dann stört nicht mal ein prompter Stau.

Doch rauscht ein Radler dann an mir vorbei,

ist mir das gar nicht mehr so einerlei.

Ich denke just an einen Text in meiner Zeitung,

den jüngst ich las über die Verbreitung

der Luftverschmutzung durch die vielen Autos.

Ein Rad jedoch ist sauber und auch anspruchslos.

Hat Autofahren zwar so manche Vorteile:

„Man ist schnell am Ziel, wenn man in Eile.“

Radeln dagegen ist gesund, macht Freude.

Ich fahre heim, damit ich keine Zeit vergeude –

Um auch was Gutes für die Umwelt jetzt zu tun,

lasse ich einmal pro Woche mein Auto ruh'n.

Fehlgriff, Ball, Geld, Auto, schön

Fehlgriff

Kaum hab ich in den Händen Geld,
ist schon verändert meine Welt.
Ich schließe die Augen und sehe Dinge:
Kleider, Schuhe, Taschen, Ringe.
Kaum hab ich Geld in meinen Händen,
da möchte ich es schon ver (sch) wenden!

Auch wär ein neues Auto schön,
oder doch lieber einen Fön?
Und Anna möchte einen Ball,
denn ihren mopste sich Pascal.

Erschrocken reiße ich die Augen auf
und denke an den letzten Großeinkauf:
Nur ein Kleid wollte ich mir kaufen,
zum Schluss, da war's ein großer Haufen.

Den Fehlgriff, den vergess ich nicht.
Jetzt übe ich mich in Verzicht.

*Schneeglöckchen, Albtraum, Vögel, Dunkelheit,
Sehnsucht*

Albtraum

Seit Tagen fallen statt Flöckchen

dicke Flocken auf erste Schneeglöckchen,

die schon warten auf den Frühling –

wie auch die Vögel: Amsel, Meise, Sperling.

Doch auch wir verspüren Sehnsucht,

dass, nach langer Dunkelheit mit Wucht,

dieser Albtraum endlich endet

und uns Sonne Wärme spendet.

Regen, Nebelschwaden, Zugvögel,
Kerzenschein, Kräutertee

Zugvögel

Nebelschwaden ich nur sehe…

Zugvögel kreischen in weiter Höhe,

um jetzt in den Süden zu fliegen.

Dort werden sie weder Regen noch Schnee

  abkriegen.

Darüber denk ich nach bei Kerzenschein

und Kräutertee – ach schmeckt der fein!

Ein Herbsttag geht zur Neige,

ich schnell ins Bett nun steige.

Allmacht, Ananas, Argument, aß, Ausflucht

Herrliche Oase

Der Gemüsehändler in meiner Straße

macht aus seinem Geschäft eine herrliche Oase.

Er besitzt die Allmacht über jeden Laden

und akzeptiert keine Ausflucht bei einem Schaden.

Nicht ein Argument lässt er gelten,

wenn Gemüse und Obst plötzlich welken.

Besonders achtet er auf die Ananas,

auch wenn er die noch niemals aß…

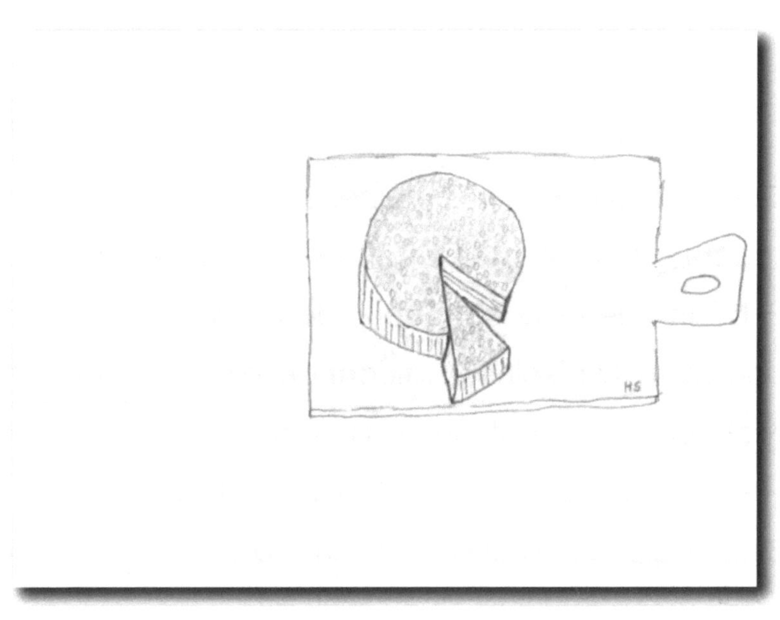

Kirschen, Marmelade, Schokolade, Sahne, Stern

Kirschtorte

Im Sommer pflück' ich Kirschen ab vom Baum,

daraus mach ich dann leck're Marmelade.

Auch in der Torte ist die Frucht ein Traum.

Besonders mit nem Guss aus Schokolade.

Verziere das Gebäck auch mal mit Sahne gern –

ich weiß, ich weiß, für die Figur total verkehrt!

Und trotzdem nennt mein Mann mich Stern…

weil er mich liebt und meine Backkünste verehrt!

Wahlsieger, Schneekette, Panamahut, Milliardär,
Gerichtsweg

Panamahut

Meinem Nachbarn sieht gar niemand an,
dass er ein Milliardär sein kann,
denn er trägt mit Stolz und Mut,
Tag und Nacht 'nen Panamahut.
Unser Dorf, das früher mal so brav,
ist jetzt auf diesen Hut ganz scharf.
Deshalb gibt es Sonntag eine Wahl,
im Gasthaus „Linde", im großen Saal.
Weil letzte Nacht es stark geschneit
und auch der Weg zur „Linde" weit,
muss ich wohl mit dem Auto fahren,
um Zeit und Mühe mir zu sparen.
Bin fast schon den Gerichtsweg hoch,
da steck ich fest in einem Loch.
Ich schaue in den Kofferraum und mir wird bange,
statt einer Schneekette finde ich nur eine Zange.
Außerdem dauert mir das viel zu lange.
Die Wahl um den Wahlsieger ist sicher in vollem
Gange.

Ich laufe einfach die letzten Schritte,
rein in den Saal, rein in die Mitte.
Da steht bereits mein Nachbar mit ner Siegermiene –
rechts seinen Hut, links seine Josefine.

Sand, Verlies, Kapitol, Türschloss, Spaghetti

Blümerant

Still liege ich am Ostseestrand
und lass den Sand durch meine Finger gleiten.
Da kommt mein Freund doch angerannt
und fragt, ob ich ihn kann begleiten
zum neuesten Film ins Kapitol,
das sich befindet in der Stadt.
Um das zu tun, brauche ich Alkohol –
denn dieser Film ist etwas *desolat:

*„Da sitzen Diebe im Verlies,
essen von früh bis spät Spaghetti –
fühlen sich wie im Paradies
und werfen um sich mit Konfetti.
Die Wärter schauen durch das Türschloss –
was soll denn dieser Quatsch!?
Das ist doch wirklich **dubios –
ein richtiger Kladderadatsch!"*

Da bleibe ich doch lieber liegen
im Sand am Ostseestrand.
Denn ein Film mit solchen Dieben,
der ist mir doch zu ***blümerant.

*trostlos **zweifelhaft ***schwach

Schüssel, Schlüssel, Rüssel, Nüsse, Küsse

Auf dem Bauernhof

War am Sonntag auf nem Bauernhof,
kaum Tiere dort, das fand ich doof.
Ein Schwein nur suchte mit dem Rüssel
nach Futter in einer großen Schüssel.
Ich aber suchte nach dem Bauern,
der jedoch schien auf seine Frau zu lauern,
weil er den Schlüssel für die Werkstatt suchte.
Wo hat sie ihn versteckt – diese Verruchte?!
Ich blickte nochmal zu dem Schwein,
das Tier schien endlich satt zu sein.
Und sichtbar auf dem Grund der Schüssel
lag Bauer Egons Werkstattschlüssel.

Die Martha, seine Frau kam auch,
mit Nüssen für den Schweinebauch.
Ihr Mann sah sie und kam angerannt,
umarmte Martha ganz charmant,
dass sie vor Schreck verlor die Nüsse,
denn Egon gab ihr tausend Küsse.

Ich aber machte kehrt und ließ zurück –
das Bauernpaar in seinem Glück…

Kinder, Aufregung, Feuerwehr, Hubschrauber, Superheld

Wie schade!

Vom Hubschrauber aus blick ich auf die Welt
und fühle mich als Superheld:
-   ich bin der einzige Passagier
-   sehe Spielzeughäuser unter mir
-   kann über Wolken mich bewegen
zum ersten Mal in meinem Leben.

Da höre ich die Feuerwehr.
Wo kommt denn die so plötzlich her?
Und Kinder schrei'n, es bellen Hunde,
vor Aufregung schau ich in die Runde…
um dann zu merken – ganz verdrossen,
dass meine Augen fest geschlossen.

So war das alles nur ein Traum?
Ich bin kein Superheld im Himmelsraum?
Wie SCHADE!

*Schwiegereltern, Schwindel, Schwellung, Schwermut,
Schwimmanzug*

Pferd im Schwimmanzug

Schwiegereltern sieht man gerne –
oder lieber aus der Ferne…
Weil ich Freude hab am Dichten,
möcht' in Versform ich berichten:

„Es ist gar viele Jahre her –
die Stadt war völlig menschenleer…
…da plötzlich – welch ein Spuk,
seh' ich ein Pferd im Schwimmanzug.
Im Sattel – stolz und selbstbewusst
mein Schwiegervater mit geschwellter Brust.
Doch als den Schwindel ich bemerke,
sind Gaul und Reiter über alle Berge!"

Mit Schwermut denk ich an den Traum
         und frage mich:
„Wohin sind Gaul und Reiter abgehau'n?"

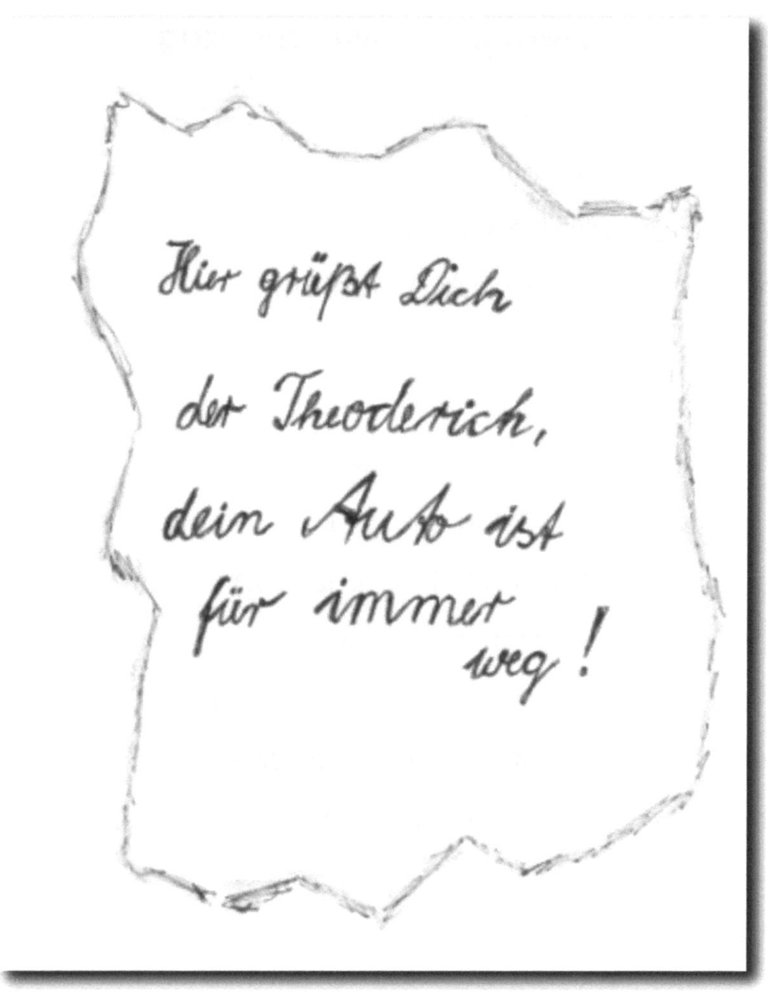

Garage, Fuß, Jeans, Karton, Schlaf

Wie intrigant!

Ich werd' durch lautes Hämmern aus dem Schlaf
        gerissen,
und drück den Kopf ganz fest ins Federkissen,
um diesen Krach zu überhören –
wer wagt es, mich des nachts zu stören!?

Doch plötzlich spür' ich Tatendrang,
hol rasch die Jeans aus meinem Schrank
und lauf mit nacktem Fuß die Treppe runter
und raus zur Tür – nun bin ich munter.

Das Tor von der Garage ist weit offen-
Ein Blick hinein macht mich betroffen.
Wo gestern noch mein Auto stand,
ist alles leer – wie intrigant!
Nur mittendrin steht, voller Hohn,
ein kunterbunter Schuhkarton.

Ich öffne ihn und krieg nen Schreck...
Ein Zettel nur, dann lese ich: (siehe Seite 108)

Mittelgebirge, Peeling, Reinkultur, Sanitäter, Shirt

Mythenumwoben

Das Siebengebirge, auch mythenumwoben genannt,
ist durch geheimnisvolle Berge Vielen bekannt.
Nahe diesem Mittelgebirge gibt es die Stadt Unkel –
dort kümmert sich um die Reinkultur Herr Kunkel,
der zwar von Beruf ein Sanitäter ist,
aber vom Wesen her ein großer Idealist.

Auch will er schön sein für ein Mädel,
da wirkt ein Peeling richtig edel.
Und zieht er dann sein Muskel–T–Shirt an,
steht da ein richtig schöner Mann.

Schokolade, Turnschuh, Licht, Straße, Mond

Nächtliche Jagd…

Vieles gibt's aus Schokolade,

oft zum Essen viel zu schade!

Hab so manche Hohlfigur im Schrank,

der Gedanke, sie zu essen, macht mich krank.

Meine Nachbarin, Maria Boldt,

hat nen Turnschuh aus dem braunen Gold.

Der würde meine Sammlung krönen,

ich will ihn haben, diesen Wunderschönen!

Doch Maria sagt nur „nein", wenn ich sie frage,

drum schleich ich in der Nacht und nicht am Tage

die Straße lang zu ihrem Haus.

Der Mond scheint nur, das Licht ist aus…

Aber nicht lange, dann geht es plötzlich an.

Frau Boldt, im Nachthemd, und Hund Wimmerzahn

stürzen sich wie wild auf mich.

Ich aber denke: „Wie bedauerlich,

muss ohne Beute ganz schnell flüchten

und auf den Schokoladenschuh verzichten…"

Menschen, Gedränge, Verlag, Buch/Bücher,
Gießkanne

Im Messetrubel...

Auf der Leipziger Buchmesse
treffen sich ein Sachse und ein Hesse.
Beide suchen nach einem Verlag.
Auch ich bin hier, weil ich Bücher mag.
Aber überall, wohin man schaut,
sind Menschen, und es ist sehr laut.
Ich schiebe mich durch das Gedränge,
und mir wird schlecht in dieser Enge.
Ich brauche Luft und verlass die Halle…
…kaum draußen, sitz' ich in der Falle.

Wie aus Gießkannen prasselt Regen.
Petrus ist wohl närrisch – ach – von wegen…
Bevor der Regen mich durchnässt,
denn meine Kleidung ist nicht wasserfest,
verlass ich lieber diesen Ort
und setze meine Buch–Tour fort.

Dann muss ich grinsen, weil ich denke:
„An manchem Stand gibt's doch Präsente?!"
Von der Idee total besessen,
hab ich den Regen bald vergessen…

Menschen, Gedränge, Verlag, Buch/Bücher,
Gießkanne

Nur
ein Gartenbuch…

Heute, genau zum Frühlingsanfang
strahlt die Sonne – Gott sei Dank!
Ich freue mich auf meinen Garten,
wo Buddelarbeiten schon warten.

Ein Buch kommt mir da in den Sinn,
das sah ich bei der Nachbarin –
Nur weiß ich nicht mehr den Verlag,
ne Gießkanne ziert den Buchumschlag…

Ich fahre einfach in die Stadt,
die viele Buchgeschäfte hat.
Bei „Weltbild" eine Menschenschlange,
vor dem Gedränge wird mir bange.

Ich will doch nur ein Buch vom Garten…
Mir bleibt nichts übrig – ich muss warten!

*Ergänzungsabgabe, Grazie, herunter,
Bindfaden, Drohbrief*

Gigantische Idee

In meinem Spielzeugladen
hängt an einem Bindfaden
eine schöne Puppe aus Holz –
so voller Grazie und Stolz.

Auch ich bin stolz auf sie,
doch bekam ich heute Früh
vom Finanzamt einen Drohbrief –
„Entweder Puppe oder alternativ:
Die fällige Ergänzungsabgabe!"
Was bin ich für ein Unglücksrabe…

Doch plötzlich hab ich raus den Dreh
für ne gigantische Idee –
Ich nehme einfach weg die Puppe,
und das Finanzamt ist mir schnuppe!

*Allradantrieb, Kameramann, Ottawa, Referent,
Techtelmechtel*

Allradantrieb

Ein Geländewagen mit Allradantrieb,

kurz gesagt, ein schneller Jeep,

bringt mich durchs schöne Kanada

in Richtung Hauptstadt, nach Ottawa.

Dort erwartet man mich als Referent.

Ich berichte über ein neues Medikament.

Darüber soll ein Film erscheinen,

ein Kamerateam ist schon auf den Beinen.

Doch plötzlich fehlt der Kameramann –

wo ist er nur, der Schlendrian?

Vermutlich ein Techtelmechtel wieder

mit der Maskenbildnerin, der Frieda…

Spiel/Spiele, Gepäck, Straßenstaub, Spaß, Zeit

Zeit für Spiele?

Mit Straßenstaub an meinen Schuhen

lauf ich weiter, darf nicht ruhen.

Hab aus Spaß ein Spiel begonnen,

und mich erst zu spät besonnen,

dass die Zeit dafür zu knapp –

denn ich fühl mich jetzt schon schlapp.

Mit Gepäck und andern Dingen

soll ich einen Berg bezwingen.

Wer sich dieses ausgedacht,

sicher über mich nun lacht.

Deshalb laufe ich nach Haus

und ziehe meine Schuhe aus.

Echte Freunde

Solange man recht jung an Jahren
schreibt man noch keine Memoiren.
Geburtstage, die sind ein Muss,
gefeiert wird im Überfluss.
Doch sind die „Vierzig" überschritten,
ist dieser Tag bald sehr umstritten.

Freund Max aus meinen Kindertagen
hat mich zum Picknick eingeladen.
Er wird schon „Fünfzig", wie genial!
Nur - warum ist ihm das fatal?
Oje, die Feier ist schon heute,

vergaß die Zeit vor lauter Freude.

Zuallererst, da muss ich duschen,
die Haare föhnen, Wimpern tuschen.
Da krieg ich endlich das Paket
mit dem Geschenk – es kommt sehr
                    spät!
Die Rechnung soll ich bald begleichen,
doch lässt der Preis mich stark
                    erbleichen …

Nur interessiert mich der jetzt gar nicht.
Ich knipse einfach aus das Licht
und laufe rasch zu meinem Rad,
das schon seit Stunden steht parat
an meine Hauswand angelehnt:
Das hab ich auch schon ein Jahrzehnt!

Mit Fahrrad ich zum Picknick rase.
Kaum dort – gerat ich in Ekstase.
Hab das Geschenk doch glatt
 vergessen…
Doch Max ist darauf nicht versessen.
Für ihn spielt das gar keine Rolle –
das ist bei Freunden ja das Tolle!

*Wochenplan, Fett, Kohlenhydrate, Getränke,
Bewegung*

Wochenplan

Und wieder muss ich mich bequemen,
ein paar Pfunde abzunehmen.
Auf den Hüften habe ich davon zu viel,
deshalb kommt ein Wochenplan ins Spiel.

Zum Frühstück gehören viele Kohlenhydrate,
abends aber mehr zu Eiweißen ich rate.
Auch Getränke sind ganz wichtig,
möglichst nicht zu süß wär richtig.

Mit Fett will ich recht sparsam sein,
statt Butter fällt mir Margarine ein.
Öl nehme ich gern zum Braten,
auch Kuchen kann damit geraten.

Wichtig beim Essen ist das richtige Maß,
und trotzdem brauchen wir noch was-
Denn ohne Sport gelingt es gar nicht –
zum Abnehmen, da ist Bewegung Pflicht!

Putzfrau, Rosenzüchterin,
Schuld, Staubbesen, Trüffel

Barbara–Rose

Im alten Schloss von Rammenau

ist Barbara die schönste Putzfrau.

Nur steht nach Putzen nicht ihr Sinn,

viel lieber wär sie Rosenzüchterin.

Damit sie für den Schlosspark dann

die Barbara–Rose züchten kann.

Noch schwingt sie den Staubbesen,

dieses zarte und auch hübsche Wesen.

Sie jagt damit das Trüffelschwein,

das fortrennt über Stock und Stein.

Die Putzfrau stolpert – wie gemein!

    Das Tier ist schuld!

Denn Barbara bricht sich ein Bein…

Kneifer, Losungswort, renommieren, Sperrsitz,
Trickfilm

Gerhard Fieber

Ich besuche eine große Stadt.
Eine, die noch Litfaßsäulen hat.
Diese sind doch pure Nostalgie,
denn so etwas vergeht ja nie.

Dort drüben, ach, da seh' ich eine,
schnell tragen mich dorthin die Beine.
Ich steh davor – schaue und staune
und habe plötzlich gute Laune.

Freudig starre ich auf dieses Losungswort:
          „Kino".
Wann war ich zuletzt an solchem Ort?
Gleich laufe ich zum Kino hin
und habe nur noch eins im Sinn:
Ein Zeichentrickfilm muss es sein.
Nur „Fieber" fällt mir dazu ein.
Er lehrte die Mainzelmännchen laufen,
doch ich will jetzt ne Kinokarte kaufen.

Und siehe – „Tobias Knopp" steht am Plakat.
Dieser Trickfilm hat Format.
In kleiner Schrift steht etwas drunter,
ich nehm den Kneifer und werde munter!
Gerhard Fieber, dieser Trickfilmpionier…
…ist *gestorben – ja genau – das les ich hier!

Da fragt mich auch schon der Kassierer:
„Woll'n Se Parkett oder Sperrsitz lieber?"
Entsetzt schau ich ihm ins Gesicht.
Er nur: „Herr, renommieren Sie nicht",
und zeigt dabei auf meinen Kneifer.

Ich dreh mich um, und voller Eifer
verlass ich diesen Ort und diese Stadt,
die noch so viele Litfaßsäulen hat.   ***16.01.2013**

Sonne. Winter, warm, Ferien, Café

Kinder–Café Valentin

Ferien sind auch schön im Winter –
ganz besonders, wenn es schneit.
Darüber freu'n sich nicht nur Kinder,
auch die Großen weit und breit.

Doch vergebens hoffen wir auf Schnee,
es scheint die Sonne viel zu warm.
Da kommt uns plötzlich ne Idee:
Das Café Valentin wär unser Schwarm.

Die Kinder können spielen dort –
auf Rutsche, Trampolin oder mit Ball.
Auch Trillerpfeifen fiepen immerfort.
Bei Kaffee und Eis stört keinen der
　　　Krawall.

Weingut, Mut, Qualen, Wahlen, Urzelle, Welle

Mut zur Wahl

Vor langer Zeit schwappte eine Welle
vom Meer aufs Festland eine Urzelle.
So entstand das Leben –
Pflanzen, Tiere, Menschen eben.

Die Pflanze Wein gehört zum Weingut,
und zur Weinherstellung gehört Mut.
Auch brauch ich Mut bald für die Wahlen,
denk schon daran mit Höllenqualen.

Am besten wird es vielleicht sein,
trink ich davor ne Flasche Wein.
Dann mache ich ganz auf die Schnelle
das Kreuz auch an der richt'gen Stelle.

Sommeranfang, beisammenstehen, Parteilichkeit, Achtelliter,
Fulltime-Job

Fulltime–Job

137

So kurz vor dem Sommeranfang
leuchtet von Plakaten ein Lobgesang
auf die eine oder andere Partei.
Mir ist die Wahl zwar einerlei,
weil ich nichts halt' von dieser Art Parteilichkeit,
doch glänz ich nicht mit Abwesenheit.

Am Ende schließlich jede Stimme zählt,
sonst heißt es wieder:
„Warum hast du nicht gewählt?"

Die Sieger aber beisammenstehen
und ihren Triumph groß feiern gehen,
mit Achtelliter Bier oder auch Wein –
letztendlich glauben sie es selbst:

Es wird ein Fulltime–Job sein…

Sackpfeife, Bankraub, Kredit, Ernennungsurkunde, verdienstvoll

Sackpfeife

Da bekommt doch meine Freundin Kunigunde
für verdienstvolle Leistungen eine Ernennungsurkunde.
Sie verhinderte nämlich, mit Verlaub –
nur wegen einer Sackpfeife einen Bankraub.
Das alles geschah, ganz genau
beim Fragen nach einem Kredit in Hanau.
Den wollte sie für einen Dudelsack,
weil sie dieses Instrument so mag.

Plötzlich rannte der Dieb an ihr vorbei,
und sofort war der Kredit ihr einerlei.
Sie lief ihm ganz schnell hinterher –
jetzt wünschte sie sich ein Gewehr.
Der Räuber rannte immer weiter steil
bergauf.
Kunigunde stoppte kurz vorm Berge
ihren Lauf,
der, wie der Dudelsack sich nennt…
…und auf der „Sackpfeife"
nahm man ihn dann fest, den Delinquent!

Nebel, Sonne, Kaffee, Zeitung, munter

Aus dem Nebel...

Am Samstag bin ich zeitig munter,
denn Kaffeeduft hat mich geweckt.
Schnell laufe ich die Treppe runter,
mein Mann hat schon den Tisch gedeckt.

Gedeckt mit Brötchen, Zeitung, Marmelade
und mit dem guten Meißner Porzellan.
Bis gestern war ihm das zu schade,
ich frage mich, was ist sein Plan?

Mein Mann umarmt mich einfach nur
und gratuliert zum Hochzeitstag.
Die Sonne strahlt, Amselgesang in Dur,
der Nebel lichtet sich mit einem Schlag.

Das ist ja lustig – in der Tat,
geirrt hat sich mein Mann.
Die Zeitung, die beim Frühstück lag,
zeigt den vergangenen Monat an...

Ein
Elfchen ist
Ein Gedicht aus
Elf Worten und fünf
Zeilen

ELFCHEN – Gedichte

Frühlingsgefühle

Es

wird Frühling

überall sprießen Knospen

alles ist voller Erwartung

Sehnsucht

Es

wird Frühling

überall singen Vögel

sie bauen ihre Nester

Frühlingsgefühle

Es

ist Frühling

überall sind Blüten

Blumen auf der Wiese

Blütenduft

Sommererinnerung

Wir
haben Sommer
überall duften Blumen
Sonne strahlt vom Himmel
Urlaub

Wir
haben Sommer
Getreide auf Feldern
Obst an den Bäumen
Ernte

Wir
haben Sommer
Blitz und Donner
auch das gehört dazu
Sommergewitter

Wir
hatten Sommer
wie jedes Jahr
mal mehr, mal weniger
Erinnerung

Herbstgedanken

Der

Herbst beginnt

mit bunten Farben

Sturm jagt übers Land

Blätterfall

Der

Herbst tobt

zerzaust das Haar

Wind lässt Drachen steigen

Kinderlachen

Der

Herbst geht

weicht dem Winter

es wird immer kälter

Schneeflocken

Wintersehnsucht

Schnee
weiße Flocken
kommen nun doch
aus den grauen Wolken
endlich

Schnee
dicke Flocken
sind es sogar
ist kaum zu glauben
wirklich

Schnee
endlich Winter
es ist wahr
aber wie lange wohl
fraglich

Schnee
wieder weg
diese weiße Pracht
war viel zu schnell
vorbei…

Limericks

Ein Limerick ist ein kurzes, witziges Gedicht
mit fünf Zeilen und einem Reimschema „aabba"

Ein Dichter schreibt ein Limerick,
dabei hat er nicht viel Geschick.
Muss sich beeilen
mit den fünf Zeilen
und verliert dabei den Überblick.

Kater Horst aus Dresden Südvorstadt
jagt Mäuse, wenn er Hunger hat.
So auch heute
er hofft auf Beute.
Dann setzt er eine Spielzeugmaus matt.

Frau Baronin Emilie aus Buxtehude
landet mit „Dreißig" schon in der Grube.
Man erschoss sie bei der Jagd.
Der Baron war schon betagt,
und außerdem war er ein blinder Bube!

Meine Tante Berta aus Berlin
ist mit Jedem gleich intim.
Ob nun Mann oder Frau,
wichtig ist der Körperbau…
Schließlich ist sie eine Malerin.

Gestütbesitzer Fritz von Hohenstetten
gewinnt Millionen, nur beim Wetten.
Doch Stück für Stück
verlässt ihn das Glück…
Jetzt aber zählt er zu den Deppen.

Durch die Brille betrachtet…

Sagt mir, wann…

Tagtäglich habe ich zu tun,
komm nicht dazu, mich auszuruh'n.
Gleich Früh beginnt die Rennerei,
ich fahr die Kinder – eins, zwei, drei,
zur Schule – das ist für sie bequem.
Sagt:
„Wann soll ich auf Arbeit geh 'n?"

Kaum zurück in meinem Haus
schalt den Kaffeeautomat ich aus
und frühstücke in aller Ruh.
Mache dann die Betten und die
Fenster auf und wieder zu –
sauge Staub und kaufe ein…
Schon ist es Mittag, da denk ich

insgeheim:

das kann doch keiner ganz versteh'n –

Sagt mir:

„Wann soll ich auf Arbeit geh 'n?"

Weil die Mittagszeit nun angebrochen,

muss ich rasch noch Essen kochen.

Dann hole ich die Kinder ab,

der Gedanke hält mich voll auf Trab.

Nach dem Essen kann ich noch nicht ruh 'n,

denn ich habe immer noch zu tun.

Helf' den Kindern bei den Hausaufgaben,

danach fühl ich mich wie zerschlagen.

Ein Kaffee, recht stark, löst dann das Problem.

Nun sagt mir:

„Wann soll ich auf Arbeit geh 'n?"

Tolerantes Europa…

155

Mit dem diesjährigen Eurovision

      Song Contest

bestand Kopenhagen einen Härtetest.

Für das Land Österreich ging an den

      Start:

Conchita Wurst, eine Sängerin mit Bart.

Sie hatte es nicht einfach – von wegen,

großer Widerstand trat ihr entgegen.

Doch letztendlich kam dann das Okay

für die Drag Queen

      mit Bart und Dekolleté.

Die Länder vergaben Punkte: 12

      an der Zahl.

Zum Ende fiel dann auf Wien die Wahl.

Seit Conchita Wurst überall bekannt,

ist plötzlich ganz Europa TOLERANT!

Mein Chaos und ich

Irgendetwas such ich immer –

mal den Schlüssel, aber schlimmer

ist es, wenn die Brille nicht an ihrem Fleck.

Nein, das gute Stück ist einfach weg.

Aufgeregt gerate ich in Panik nun,

denn ohne Gläser bin ich ein blindes Huhn.

Dann aber kommt mein Mann ins Spiel,

und ich verrate nur so viel –

Er alleine findet sie dann,

nur nicht dort, wo ich sie hingetan.

Er grinst mich an – ich aber wette,

ihm würd' was fehlen, wenn

er mich und mein Chaos nicht hätte …

Träume

Nur ein Traum

Und wieder mal hatte ich ne Nacht,
die ich nicht schlafend hab verbracht …
Im Bett wälz ich mich hin und her,
die Augen offen, doch auch schwer –
mit Mühe schau ich auf die Uhr:
„Oh, Viere schon – was mach ich nur?“

Und draußen tobt der Sturm wie toll.
Doch noch was ist verhängnisvoll –
denn drinnen sägt mein Göttergatte
die letzten Bäume weg, die ich noch hatte.
Sie standen lang in unserm Garten
und schienen nur darauf zu warten,
ein Schnarch–Opfer zu werden.
Jetzt bin ich der ärmste Mensch auf Erden,
weil nun des Gartens schönster Schmuck
verschwunden durch den bösen Spuk.

In Zukunft wird's das nicht mehr geben,
die Bäume einfach „abzusägen“.
Ich pflanze schlichtweg keine mehr –
und Sturm und Schnarcher haben's schwer …

Doch heute Morgen – so um Acht
hat mich mein Mann nur ausgelacht:
Im Garten fehlt kein einz'ger Baum …
es war, zum Glück, ja *Nur ein Traum*!

REGENBOGEN – Traum

Ich träume zärtlich vor mich hin –
und weiß so gar nicht, wo ich bin…
Bin ich am Meer, bin ich im Wald,
und bin ich jung oder schon alt?
Ich sehe Regen, ich sehe Sonne,
und entdecke dann voller Wonne

am Himmel – ganz weit oben…
einen herrlich bunten REGENBOGEN!

Sonnenblumentraum…

Durch die momentane Hitze
ich auch nachts noch tüchtig schwitze.
Deshalb bin ich völlig down…
Statt zu schlafen,
träum ich einen Traum:

Zwischen Sonnenblumen Wäsche hängt -
und plötzlich werde ich bedrängt
von turnenden Gartenzwergen,
die den ganzen Traum verderben.

Aber dann werde ich munter,
und ich bin froh –
denn neben mir liegt Gunter.

Glück–Wünsche

Zum Hochzeitstag

Juni 2012 (Für meine lieben Nachbarn)

Wir wollen's ausdrücken mit einem Gedicht!

Zu Eurer Silberhochzeit gratulieren wir nicht

nur – nein, wir wollen Euch sagen,

dass wir an allen Tagen

Eure Freunde sind.

Deshalb schenken wir Euch geschwind

einen kleinen Blumengruß

und nen Gutschein für viel Genuss

bei einem schönen Glase Wein

und ganz viel Kerzenschein.

Für weitere gute, nicht absehbare,

wunderschöne und ausgefüllte Ehejahre

wünschen wir Euch von Herzen Glück!

Viel Glück

Mai 2013 (Für meine Freundin Gudrun)

Nun ist es wieder mal soweit,

wie jedes Jahr um diese Zeit.

Da steh'n die Gratulanten Schlange,

und Küsschen gibt es auf die Wange.

Ich gratuliere auch ganz herzlich –

von Ferne zwar und denke schmerzlich:

„Wie gern würd ich jetzt bei dir sein

mit einer schönen Flasche Wein."

Weil du nicht wohnst gleich um die Ecke,

schick ich ein Päckchen auf die Strecke…

Wein
H.S

Veronika…

Veronika – der Herbst ist da.

Wir Nachbarn singen: „Trallala".

Weil Du doch heut Geburtstag hast,

da wären wir so gern Dein Gast.

Wir wünschen Dir von Herzen Glück.

Schau nur nach vorn und nicht zurück.

Wir wünschen nur das Allerbeste –

doch heute feire erst mal feste.

Und ist das Leben auch mal trist,

bleib stets zufrieden und ein Optimist.

Nur für Rainer

Juni 2014

Hallo, mein lieber Rainer,

so nett wie Du ist keiner.

Kaum trittst Du durch die Tür herein,

erstrahlt der Raum in hellem Schein.

Darum gratulieren Dir auch heute

von ganzem Herzen viele Leute,

und wünschen Glück Dir jeden Tag –

ganz einfach, weil Dich jeder mag.

Du bist nun 38 Jahr' geworden –

ich verleih Dir den Geburtstagsorden

mit diesen Zeilen, die ich schrieb allein

      für Dich!

Wenn Du sie liest, dann denk an mich.

Warum…

Und wieder ist er da, der Tag –
den mancher Mensch so gar nicht
mag.
Geburtstag wird er wohl genannt…
So ist es weit und breit bekannt.

Doch dieser Tag gehört zum Leben,
denn ohne ihn würd's uns nicht geben.
Und trotzdem tut manch einer doch
den Tag verfluchen – noch und noch.
Besonders, wenn er ist verfolgt
vom Pech und nicht vom Lebensgold.

Die meisten wollen Glück und Geld…
    Ich aber frage:
„Ist das der einzige Grund,
warum wir sind auf dieser Welt?"

Erinnerungen

Erinnerung

Mit der Eisenbahn mache ich gerne

eine Reise in die Ferne.

Dadurch löst sich manche Anspannung,

und es packt mich die Erinnerung:

Ich weiß genau noch, wo

ich tätig war im Zoo.

Vier Wochen Ferienarbeit

waren nicht nur Zeitvertreib.

Ich hatte Freude mit den Tieren,

sah Enten schwimmen, einen Pfau stolzieren,

brachte den Esel zum „Iah" –

Tiere sind echte Freunde, fürwahr!

Alt wie ein Baum

Ich halte eine Fotografie

aus meiner Jugend in der Hand.

Und denke voller Ironie,

aber auch leicht amüsant:

Wo sind die Jahre nur geblieben –

„Ein Alter wie ein Baum"

wird in einem Lied beschrieben.

Und in einem Traum

sehe ich mein Leben vorüberzieh'n:

Sehe mich liegen an einem Teich,

umgeben von allerhand Klimbim.

Ich werde wach und bin ganz bleich…

…hatten diese Bilder einen Sinn?

Mein Blick fällt auf die Fotografie –

da merke ich, wie froh ich bin:

Das war ein Traum, nur Fantasie –

ganz langsam senkt sich mein Adrenalin

Kennen–Lern–Tag

19. Mai 2013

Heute, genau vor 40 Jahren,

konnten wir es auch erfahren,

wie viele Paare schon davor –

die Liebe flüsterte in unser Ohr:

„Ich verlasse euch Zwei nie!"

Deshalb sage ich jetzt laut: „Merci!"

Ich danke Dir, dass es Dich gibt,

und bin noch immer ganz verliebt

      in DICH!

Rubinhochzeit

19.01.2014, für Eckhard

Ich verliebte mich in Dich –
doch warum, das weiß ich nicht.
Nicht einmal heute,
nach „Vierzig" Jahren.

Oft hatten wir Streit –
doch warum, das weiß ich nicht.
Nicht einmal heute,
nach „Vierzig" Jahren.

Drei Kinder haben wir –
doch warum ... das weiß ich wohl!
Ja, wir lieben uns,
auch noch nach „Vierzig" Jahren!

Erkenntnis

Erinnerst Du Dich an den Tag,
als wir uns kennenlernten?
Und dann – als wir uns voneinander
mehr und mehr entfernten?
Immer öfter gab es Streit,
und plötzlich war es dann soweit –
da wollte ich mich von Dir trennen.

Es gibt so viele Paare, die wegen
Kleinigkeiten auseinanderrennen.

Am Anfang waren's die Kinder,
die mich zögern ließen,
doch dann kam ich dahinter –
es muss noch Liebe fließen…

Die Kinder sind inzwischen groß
und aus dem Haus, und wir Zwei
        sind allein…
Das macht uns aber gar nichts aus.
Wir haben uns doch noch so viel zu sagen,
doch könnten wir es nicht ertragen,
        ganz allein zu sein!

Kontraste

Wolken streiten mit der Sonne

Wir haben immer noch April –

und Wolken streiten mit der Sonne.

Der Monat weiß nicht was er will,

doch bald ist Mai – welch eine Wonne.

Meist ist es morgens noch recht kühl,

erst ab Mittag wird es langsam warm.

Da mag ich mehr ne Fahrt mit Automobil,

statt Dauerlauf – den mache ich nicht gern.

Aber schwimmen kann man's ganze Jahr –

im Winter in großen Hallen,

und im Sommer in einem See sogar,

ich glaub, das könnte mir gefallen…

Stadtlyrik…

Stadtlyrik – dazu fällt mir gar nichts ein!

Für ein Haus, da setz' ich Stein auf Stein.

Für eine Stadt genügt nicht nur ein Haus,

für ein Gedicht genügt ein Wort durchaus.

Statt Lyrik kennen wir auch Prosa,

die erzählt in schwarz, in gelb, in rosa,

in grün – sogar in lila Farben

sind diese Prosaworte auch zu haben.

Doch Lyrik macht aus Worten

von Häusern und von Orten

die schönsten Städtenamen.

     Oje –

Mein Gedicht fällt aus dem Rahmen.

Wieder ein Jahr älter…

Weinhändler, Zufall, Dänemark, kaufen, Geheimnis

In wenigen Tagen, glaubt es nur,
da rückt sie weiter, die Lebensuhr.
Kann kein Geheimnis daraus machen,
weil meine Freunde mir versprachen,
mich am Geburtstag zu besuchen.
Ich könnte diesen Tag verfluchen.

Doch da begegnet mir per Zufall
mein Freund, der Weinhändler Pascal.
Er schenkt mir Wein aus Dänemark.
Ich freue mich – das find ich stark.
      Nur,
damit sich keiner kann besaufen,
muss ich Wasser schnell noch kaufen.
Nun können meine Gäste kommen –
oje – ich sehe ganz verschwommen …
dabei probierte ich doch nur ein Glas?

Aber was soll's – jetzt geht er los,
     der Spaß…

Meine Seele...

*Urlaub, Erholung, Internetabstinenz, Erschöpfung
Ausgeglichenheit*

Nun ist auch der Sommer hier

und der Urlaub nicht mehr fern.

Die große Frage stellt sich mir:

„Fahr ich ans Meer oder nach Bern?"

Doch nach Erholung sehne ich mich,

denn die Erschöpfung macht sich breit.

Auf einem Ferienschiff genieße ich

dann Sonne, Meer und Ausgeglichenheit.

Und Internetabstinenz stört mich nicht –

auch dem PC tut Ruhe gut.

Ich schreibe lieber ein Gedicht,

dann ist auch meine Seele ausgeruht...

Wilma und Horst...

Hündin Wilma und Horsti, der Kater
machen beide kein Theater
wenn sie sich sehen.
Dabei brauchte Wilma doch nur
     zuzuschnappen...
So ein Kater wär ein leck'rer Happen –
doch wird das nicht geschehen!
Denn Wilma hat nichts gegen
     Katzen...
Und Horst nutzt nur zum Spiel die
     Tatzen...
Drum sind wir froh in diesem Falle –
und können sagen:
„Welch ein Glück für alle."

Endlich Ferien

Ferien, Wellen, Sand, Wetterumschwung, Muscheln

Wir haben Ferien, wie wunderbar –

und das ganze sechs Wochen sogar.

Glücklich ist – ob Alt, ob Jung –

jeder über den Wetterumschwung.

Auf geht es zu Wellen und Sand.

Wir reisen an den Ostseestrand –

nur vergaßen wir, die Fahrt zu buchen.

Muscheln wir nun an der Elbe suchen …

Virtuelle Welt

*Urlaub, Erholung, Internetabstinenz, Erschöpfung,
Ausgeglichenheit*

Auch eine Hausfrau braucht mal Urlaub.

Sie sehnt sich nach Erholung – mit Verlaub –

von ihrer Arbeit am PC oder der im Haushalt.

Irgendwann war die Erschöpfung da – geballt!

Geplant hat Elli eine Reise nach Florenz

für die Erholung und für Internetabstinenz.

So erreicht sie wieder Ausgeglichenheit,

bis sie erneut in virtueller Abhängigkeit …

Danke Mama…

Der Tag der Tage

23.Juni 2013 (Für meine Mutter)

Ach Mütterlein, mein Mütterlein!
Ich bin es doch, dein Töchterlein!
Denn meine Hilfe brauchst du täglich,
weil sonst dein Leben unerträglich.
Auch kommt der Pflegedienst hierher.
Er unterstützt mich wirklich sehr.
Ich liebe dich, und hoff, dass du es glaubst,
auch wenn du mir (so hin und wieder) die
letzten Nerven raubst.
Ich weiß, es ist nie bös gemeint,
auch wenn es manches Mal so scheint.
Letztendlich lachen wir gemeinsam,
und schon fühlst du dich nicht mehr einsam!

Doch heute kommt das Allerbeste –
Wir gratulieren dir zum Wiegenfeste.

Bist 91 nun geworden,
dafür verdienst du einen Orden.
Jedoch der allergrößte Clou:
Nun gehst du auf die 100 zu!

Das Licht des Lebens

Heute werd' ich wieder bringen
Essen zu der Mutter hin.
Täglich muss das gleiche Lied ich singen:
„Essen, Trinken hat doch einen Sinn."
Manchmal hat sie Appetit auf Wurst,
und die gebe ich ihr auch –
plötzlich aber hat sie Durst.
Letztendlich bleibt er leer, ihr Bauch.
Für zwei Schluck Wasser muss sie sich
      schon zwingen.
Mutter wiegt jetzt 40 Kilo nur.
Essen konnte sie noch niemals
      schlingen.
Irgendwann bleibt stehen ihre
      Lebensuhr

Vorher aber muss sie mit dem Tode
      ringen,
auch dabei steh ich ihr zur Seite,
indem ich halte ihre Hand.
Sie so auf ihrem letzten Weg begleite,
bis meiner Mutters Lebenskerze
      abgebrannt,
bis ihre Stimme dann für immer wird
      verklingen …

Aufregung pur...

Es war recht früh am Samstag –
ich ganz entspannt im Bett noch lag.
Da dacht' ich so, welch Glück ich hatte,
das Frühstück macht mein Göttergatte.

Doch plötzlich hör ich einen Ton –
das klingt ja wie mein Telefon.
Verschlafen renn' ich die Treppe runter,
und dann bin ich schlagartig munter!

Schwester S. meint: „das kann nicht sein,
komm bei Frau Kühn zur Tür nicht rein."
Mit meiner Mutter muss was sein,
durchfährt es mich durch Mark u. Bein.

Mit 91 wär's kein Wunder –
Setz' mich ins Auto und geb' Zunder.
In acht Minuten bin ich dann vor Ort,
auch Schwester S. erscheint sofort.

Probiere ebenfalls den Schlüssel aus,
und merke nur noch „(ei der) Daus!"
Ein Schlüssel steckt von Innen –
ist meine Mutter noch bei Sinnen?!

Die Schwester muss inzwischen weiter
zu anderen Patienten – leider.
Ich aber hol den Schlüsseldienst herbei
der nimmt nur noch den Bohrer–1, 2, 3.

Im Stillen denk ich:
„Das Geräusch kann Tote wecken."
Nur sag ich's nicht, nicht ums
 Verrecken!
Als dann die Türe endlich offen,
schaut meine Mutter ganz betroffen,
die friedlich noch im Bette liegt.

Vom Krach hat sie nichts mitgekriegt.

Hoffnungsschimmer

Sobald ich schau in deine Augen,
weicht jede Traurigkeit von mir.
Aus Angst wird Hoffnung,
kaum zu glauben,
doch mit Geduld gelingt es mir.

Abschied

22. November 2013

Am letzten Tage deines Lebens
sahst du voll Traurigkeit mich an,
     liebe Mutter – mein.
Hoffnung auf Heilung war vergebens,
das hattest du nun auch erkannt,
     liebste Mutter – mein.
In deinen lieben Augen sah ich Angst,
die sicher jeder Sterbende erfährt,
Ich weiß, dass du noch immer um mich bangst,
obwohl ich mich als Frau und Mutter längst bewährt.
Oft hast du es nicht eingesehen,
dass ich mein eignes Leben habe.
Mit Geduld versucht ich zu verstehen –
doch Geduld ist eine schwere Gabe.

Ich bin so dankbar für den letzten Tag,
wenn's auch ein Abschied war für immer,
dankbar auch für die Mutter-Tochter-Liebe,
von der ich manchmal keinen Schimmer.
Wir waren uns zum Schluss ganz nah,
     geliebtes Mütterlein.
Als ich dann ging und noch mal zu dir sah –
da winktest du im Nachttischlampenschein…

Meiner Mutter gewidmet…

Dezember 2013

Silvester erstmals ohne Dich,

geliebtes Mütterlein.

Du ließest einfach mich im Stich –

Es musste wohl so sein…

Ich blieb voll Trauer hier zurück,

geliebtes Mütterlein.

Und denke trotzdem: „Welch ein Glück,

ich durfte deine Tochter sein."

Du fehlst mir…

Nachwort

Dass ich mich nach meinem ersten Werk „…kopfüber und mittendrin…“ zum Schreiben eines zweiten Buches entschlossen habe, verdanke ich neben meiner Familie auch anderen lieben Menschen. Darum möchte ich an dieser Stelle einmal danke sagen.

Dir, lieber Eckhard, danke ich für deine Geduld und dein Verständnis für mein Hobby.
Danke, liebe Madlen, für dein Testlesen meiner Werke.
Danke liebe Gudrun, dass du mir immer wieder Mut machst.
Ganz lieben Dank an Veronika und Rainer, dass ihr mir gestattet habt, eure Namen zu nennen.
Und danke an Lissi, Bärbel, Hiltrud und Elvi aus dem Kunterbunthaus – ohne euch wären meine Gedichte mit den fünf Worten nie entstanden.
Aber auch danke an alle, die ich nicht genannt habe, die mir aber immer wieder Mut machen, weiterzuschreiben.

Mein größter Dank gilt jedoch meiner verstorbenen Mutter Edith, die immer, trotz ihrer Demenz, ganz geduldig zugehört hat, wenn ich ihr wieder mal ein neues Gedicht vorgelesen habe.

 Danke Mama…

Elfride Stehle

Unter dem Pseudonym Elfride Stehle schreibt und ver-
öffentlicht Heidi Stolle seit 2012 Gedichte und Ge-
schichten in verschiedenen Anthologien.
Die, 1949 in Cottbus geborene, Autorin lebt seit 1974
mit ihrem Mann und ihren drei Kindern in Bautzen.
Wenn sie sich zwar auch schon als Schülerin für das
Schreiben interessierte, besann sie sich darauf erst
wieder durch den Aufruf zu einem Gedichtwettbe-
werb. Seitdem nimmt sie immer wieder an Schreib-
wettbewerben teil.
Neben einem Gedichtband möchte Elfride Stehle
demnächst auch noch verschiedene Kurzgeschichten
veröffentlichen. Dem Schreiben von Gedichten bleibt
die Autorin aber treu.

Weitere Veröffentlichungen der Autorin:

Anthologie (2012) BoD Verlag
Wenn deine Arme mich umfangen
„Elfchen"

Anthologie
Gedicht und Gesellschaft 2013
„Licht"
Gedicht und Gesellschaft 2014
„Stimmungen"
Gedicht und Gesellschaft 2015
„Herbstzeit"

Anthologie (2013) R.G. Fischer Verlag
 Das Gedicht lebt!
„Nur fünf Worte"

1.Buch (26.09.2013) united pc. Verlag
„…kopfüber und mittendrin…", Gedichte und
Geschichten

Anthologie (2014) Karina Verlag
Jedes Wort ein Atemzug: Geschichten aus aller Welt
Teil 1, „Scheidungsgrund" Gedicht
Teil 2, „Minka" Geschichte
Jedes Wort ein Atemzug: Winter- und Weihnachts-Geschichten
„Ein fast trauriges Weihnachten" Geschichte

Anthologie (2014) Sperling Verlag
 Asphaltgeflüster
„Stadtzauber" Gedicht

Anthologie (2014) Realis Verlags- GmbH
Ausgewählte Werke XVII
„Endlich Frühling…"

<h1 style="text-align:center">Inhaltsangabe</h1>

Karina Verlag
Vienna, Austria
Otto Willmann Gasse 4/69
A-1100 Vienna
www.karinaverlag.at
karina.bookoffice@gmail.com